Couverture inférieure manquante

DEBUT D'UNE SERIE DE DOCUMENTS
EN COULEUR

LE
SOCIALISME PRATIQUE

appel à l'union

du Radicalisme et du Socialisme

Exposé de la Doctrine

PAR

ALEXANDRE LATERRADE

Sénateur du Gers

Prix 50 Centimes

PARIS, 1er

P.-V. STOCK, Éditeur (Ancienne Librairie Tresse et Stock)

7, rue de Richelieu et 16, rue Molière (près le Théâtre Français)

Téléphone 238-70

1901

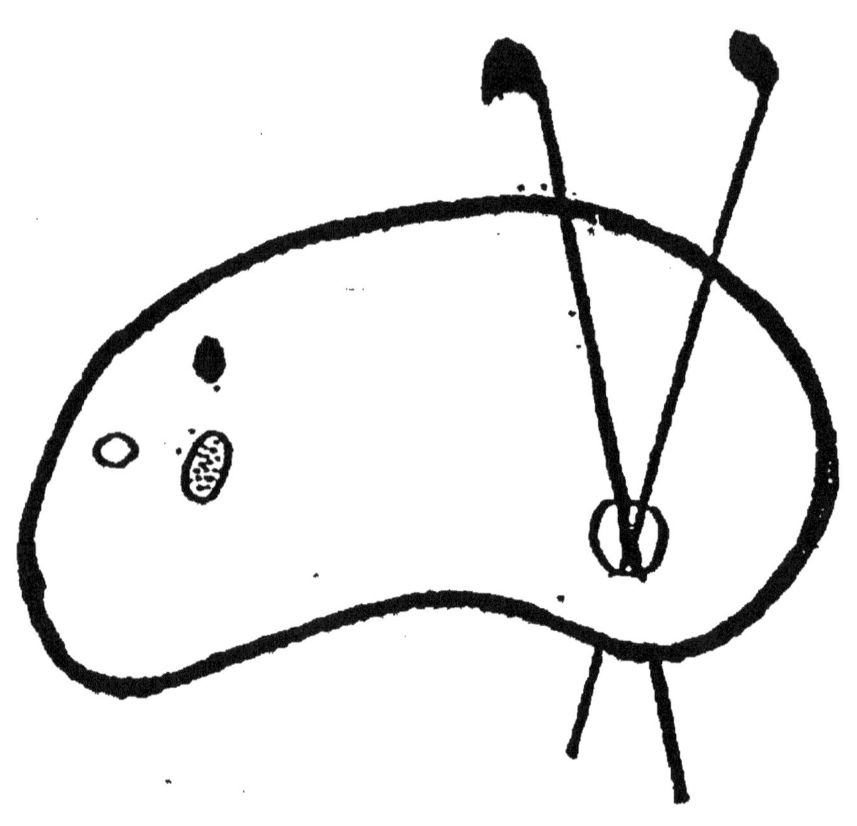

FIN D'UNE SERIE DE DOCUMENTS
EN COULEUR

LE
SOCIALISME PRATIQUE

appel à l'union
du Radicalisme et du Socialisme

Exposé de la Doctrine

PAR

ALEXANDRE LATERRADE

Sénateur du Gers

PRIX 50 CENTIMES

PARIS, 1er

P.-V. STOCK, Editeur (Ancienne Librairie Tresse et Stock)

27, rue de Richelieu et 16, rue Molière (près le Théâtre Français)

Téléphone 238-07

1901

ERRATA

Page	Ligne		Lisez :
2	16	beaucoup ignore	*beaucoup ignorent*
8	1	de 1780 à 1793	*de 1789 à 1793*
9	23	leur instruments	*leurs instruments*
13	28	celà	*cela*
20	9 et 10	congrés internationale	*congrès international*
26	1	RÉSUMÉS	*RÉSUMÉ*
42	19	procédé dans la carrière	*précédé dans la carrière*

NOTICE BIOGRAPHIQUE

LATERRADE (JOSEPH ALEXANDRE) est né à Condom (Gers), le 2 décembre 1823. Il a fait ses études au collège Henri IV, à Paris, et est entré à l'Ecole polytechnique en 1842. Ingénieur des Ponts et Chaussées pendant plus de quarante ans, de 1844 à 1885, il s'est retiré à Condom, où ses concitoyens en ont fait successivement un conseiller municipal, un maire, un conseiller général et enfin, le 3 janvier 1897, un sénateur.

Entré dans la vie politique comme radical socialiste, il a fait paraître en 1896 une brochure : « **Le Mutualisme et la Question sociale** », qu'il a envoyée, avant l'élection, à tous les électeurs sénatoriaux. On peut donc dire que c'est sur ce programme qu'il a été nommé. Depuis lors, ses opinions n'ont fait que s'accentuer.

V. H.

DU MÊME AUTEUR

Projet rationnel d'Impôt sur le Revenu, E. Dentu, éditeur (1888). . . . . *Epuisé*

Le Mutualisme et la Question sociale, librairie de la *Revue Socialiste* (1896), une forte brochure. 0,50

La Définition du Socialisme, librairie ,de la *Revue Socialiste* (1899), une brochure. 0,10

Socialisme Allemand

ET

Socialisme pratique

I. — Le Comité Général
et les démocrates-socialistes

Je voulais d'abord prendre pour titre : « Études sociales », par un sénateur socialiste, mais je me suis demandé si je n'aurais pas ainsi maille à partir avec le Comité Général; c'est pourquoi j'ai pris le titre plus modeste qu'on vient de lire et qui a l'avantage, pour moi, de rappeler les démocrates-socialistes que j'ai connus en 1848. C'est peut-être parce que c'est un souvenir de jeunesse, mais il me semble qu'alors on entendait le socialisme plus largement qu'aujourd'hui. Non seulement, on faisait de la propagande parmi les prolétaires de la ville comme parmi ceux de la campagne, mais on s'adressait à tout le monde sans exception, aux intellectuels surtout qu'il importe le plus de convaincre.

Non seulement le Comité Général, qui est censé représenter l'ensemble du parti socialiste, ne fait pas de propagande socialiste, mais il semble qu'il veuille l'entraver. Je ne suis pas encore bien sûr qu'il admette la coopération dont Hubbard, dans ce journal même, a si bien fait ressortir les avantages, et voilà que Gohier nous signale un nouvel acte d'intolérance de sa part. Il ne veut d'amnistie que pour ceux « qui sont du Parti ». C'est « pour eux seuls qu'il parle ». Malheur à ceux qui n'ont pas le bonheur de posséder la vraie foi socialiste.

C'est surtout à l'influence des idées marxistes que l'on doit attribuer des résultats aussi regrettables ; ils ne tendent à rien moins qu'à provoquer des divisions dans le parti socialiste et à empêcher l'évolution sociale de suivre son cours.

II. — Karl Marx

Tout le monde sait que Karl Marx, comme son rival Ferdinand Lassalle, était d'origine juive ; mais beaucoup ignore qu'il descendait d'une longue suite de rabbins dont plusieurs furent de savants théologiens, et que son père se fit baptiser, dès 1814, en sorte que Karl Marx, qui naquit en 1818, n'est pas né dans la religion juive. De plus, par son mariage, il est entré dans l'aristocratie allemande, dont il a adopté ardemment, je ne dis pas les opinions, je ne dis même pas les préjugés, mais les rancunes (1). C'est là qu'on doit chercher la cause de sa haine de la bourgeoisie et de son méprisant dédain pour les

____

(1) K. Marx épousait en 1844 la fille du baron de Westphalen, sœur d'un ministre du roi de Prusse, alliée aux ducs d'Argyl.

philosophes révolutionnaires du dix-huitième siècle, dont *l'Aurore* publiait dernièrement l'un des chefs-d'œuvre. Dans cette Raison qui les inspirait, Engels, le principal collaborateur de Karl Marx, ne voit que « l'intelligence idéalisée de bourgeois moyens »; dans les œuvres immortelles de Voltaire et de Rousseau, il ne trouve pas autre chose que des théories banales « qui traînent dans tous les estaminets parisiens ».

Il faudrait cependant n'être ni démocrate ni socialiste, pour ne pas reconnaître que les rancunes aristocratiques de Karl Marx ne l'ont pas empêché de rendre de grands services à la cause démocratique et sociale. Il a su réveiller en Allemagne et dans toute l'Europe l'esprit socialiste révolutionnaire de 1789 qui, après avoir accompli des miracles en France et dans l'univers entier, a commencé à s'assoupir en 1795, pour s'endormir avec la fin de l'épopée impériale.

III. — La Révolution Française

On ne saurait contester le caractère éminemment socialiste de la Révolution Française. En abolissant la noblesse et, plus tard, la royauté, en supprimant les privilèges, elle a fait disparaître légalement toute distinction sociale; il n'en reste plus d'autres, entre les citoyens, que celles qui peuvent résulter du mérite, de l'éducation et de la fortune. En abolissant le pouvoir absolu, non seulement en France, mais

dans tout le monde civilisé, sauf en Russie, elle a
rendu chaque citoyen maître, dans une certaine
mesure, de ses destinées, et elle a travaillé, non seulement au bien-être moral, mais au bien-être matériel du genre humain, car la liberté et l'égalité ne
relèvent pas seulement la dignité humaine; en ren-
dant à l'homme la libre disposition de ses facultés et
de ses forces, elles le mettent à même de soutenir la
lutte pour la vie; elles facilitent notamment aux
ouvriers les moyens de s'affranchir du joug capitaliste.

L'égalité en particulier a procuré au citoyen
français des avantages matériels et directs. Autrefois,
les classes privilégiées seules pouvaient prétendre à
certains emplois, les plus avantageux et les mieux
rétribués. Ils sont aujourd'hui accessibles à tout le
monde.

IV. — Hegel

La Révolution Française n'a pas tout fait cependant. Il reste encore beaucoup à faire ; ce doit être
l'œuvre du socialisme contemporain, de celui qui a
été réveillé par Karl Marx. De même que les révolutionnaires de 1792 se sont appuyés sur la
philosophie du dix-huitième siècle, de même Karl
Marx a cherché un appui à ses doctrines parmi les
philosophes qui l'ont précédé et, sans songer
qu'*obscurité* va rarement sans *fausseté de jugement*, il
a choisi Hegel, le plus obscur peut-être des philo.

4

sophes allemands du commencement de ce siècle.

Je ne voulais d'abord dire que quelques mots de Karl Marx pour le faire connaître à nos lecteurs et me voilà entraîné beaucoup plus loin que je n'aurais voulu. Je ne puis résister cependant au désir de donner ici un échantillon de la métaphysique de Hegel, car il est difficile de comprendre complètement Karl Marx si l'on ne connaît pas un peu son maître en philosophie.

Tout en faisant étalage de science, Hegel ne possédait que des notions scientifiques imparfaites qu'il a imparfaitement appliquées. Faisant appel à son imagination, comme la plupart des philosophes idéalistes, là où la science aurait pu lui fournir des données certaines, il a dit, pour citer textuellement, en parlant de l'évolution en général: « *C'est une spécification continuelle qui, dans son dernier résultat, retourne à l'état général, à l'identité absolue dont elle est partie* », ce qui veut dire en langage plus clair, que les espèces animales et végétales (et peut-être idéales) se succèdent les unes aux autres (spécification), par voie d'évolution (darwinisme), pour revenir ensuite (par une spécification en sens contraire probablement) à l'espèce rudimentaire ou au néant (identité absolue d'où elle est partie).

V. — La Doctrine Marxiste ou Marxisme

Si Karl Marx s'était borné à s'appuyer sur les principes que nous venons d'exposer, il n'y aurait

pas grand mal, car la seule chose qui soit radica-
lement fausse dans la théorie idéaliste de Hegel,
c'est « le retour à l'état général, à l'identité absolue ».
Comme Marx nous pensons que l'état social doit aller
en se perfectionnant (évolution) et nous ne serions
pas socialistes si nous ne voulions pas y travailler
de toutes nos forces et par tous les moyens; mais
où nous différons avec lui, c'est non seulement par
la manière dont nous interprètons l'histoire, c'est
aussi sur le but à atteindre; c'est surtout sur les
moyens à employer pour y parvenir.

La partie essentielle de la théorie de Karl Marx,
se résume comme suit :

La production, d'individuelle qu'elle était, étant
devenue collective, la petite propriété, la petite industrie ont disparu presque en entier; toute l'industrie,
toute la propriété industrielle et une grande partie
de la propriété agricole sont entre les mains d'un
petit nombre de capitalistes, tandis que tous les petits
industriels et une grande partie des petits agriculteurs
sont devenus des salariés.

Le seul remède à cette situation, d'après Karl
Marx, c'est : 1° la transformation de la propriété
particulière en propriété sociale; 2° la socialisation
des instruments de travail, y compris la terre qui est
un instrument de travail, et; 3° la mise en œuvre de
tout cela par la société qui aurait ainsi la charge de
diriger la production de toutes les richesses et d'en
assurer la distribution à tout le monde. —

En outre, oublieux de ce principe que « l'histoire

ne se recommence pas » et attendu, au contraire,
selon lui, qu'aucune réforme sociale importante n'a
pu être obtenue sans révolution, c'est-à-dire sans lutte
violente entre les classes, il ne faut pas que le prolétariat fusionne avec la bourgeoisie, comme le voudraient les descendants des affreux jacobins de 93, mais
il faut qu'il y ait lutte et, s'il se peut, que les Sans-
Culottes modernes fassent subir aux bourgeois
enrichis des supplices semblables à ceux que leurs
pères ont infligés autrefois aux infortunés représen-
tants du trône et de la noblesse.

VI. — But poursuivi par Karl Marx

Je me suis demandé bien des fois qui avait pu
pousser Karl Marx à demander des choses aussi con-
traires aux intérêts de la classe prolétarienne que la
lutte des classes, que la révolution sociale et, il faut
le dire aussi, que la suppression de la propriété ou
communisme. Je n'en vois pas d'autre que sa haine
de la bourgeoisie et son désir de venger la caste
aristocratique des atrocités et des humiliations de
1793, surtout de la perte de son influence et de ses
privilèges.

Pour y parvenir, Karl Marx, surmontant son
aversion pour le sociologisme français, a prétendu
avec Proudhon, que la propriété, étant illégitime,
était un privilège et non un droit. Par conséquent,
voilà la bourgeoisie moderne assimilée à la noblesse

d'autrefois. De 1780 à 1793, on a lutté par tous les moyens, sans excepter la guillotine, pour arracher aux nobles et aux rois leur autorité et leurs prérogatives, on luttera de même aujourd'hui pour arracher aux bourgeois leurs propriétés auxquelles, d'ailleurs, cette race mercantile et avide, dépourvue de tout instinct généreux, tient encore plus qu'à la vie.

VII. — Critique du marxisme. — La propriété

Si, maintenant, nous voulons examiner la question sans autre parti pris que l'intérêt social, nous voyons d'abord qu'il n'est pas exact que toute la production soit devenue collective ou doive le devenir. La vérité, c'est qu'une partie beaucoup plus grande qu'autrefois de la production industrielle est devenue collective ou tend à le devenir, mais il existe, surtout en province et à la campagne, une foule de petites ou moyennes industries et de petits commerces ; ils subsistent encore et subsisteront toujours, parce qu'ils ont leur raison d'être. Quant à l'agriculture, il n'y a aucun mouvement de concentration bien marqué, et il n'est nullement démontré que la grande propriété présente des avantages appréciables sur la moyenne et encore moins sur la petite.

Il suit de là que c'est de la grande industrie que nous avons surtout à nous préoccuper. La production y étant collective, il est clair que chaque ouvrier ne peut plus posséder, à lui seul, son instrument de travail, mais rien n'empêche que la propriété industrielle ne devienne collective. C'est même ce qui arrive déjà par la force des choses. La plupart des grandes industries, celle des chemins de fer en tête, appartiennent à des collectivités d'actionnaires et d'obligataires. Que ces actionnaires soient les ouvriers même que les patrons exploitent aujourd'hui ; que tous les ouvriers d'une usine en soient les uniques propriétaires, et le but du socialisme le plus exigeant sera atteint.

Ce système n'est autre, d'ailleurs, que la coopération de production ; c'était celui de Lassalle, le célèbre agitateur dont les socialistes allemands regrettent encore la fin prématurée ; c'est celui que j'ai proposé, dès 1896, dans une brochure : *le Mutualisme et la Question sociale*, avec cette différence toutefois que, dans mes Mutualités, je fais une part beaucoup plus grande à la Solidarité que dans les coopératives ordinaires.

Les ouvriers, même ceux de la grande industrie, peuvent donc, doivent même être propriétaires de leur instruments de travail. Par conséquent, ils n'ont point intérêt à l'abolition de la propriété ; au contraire. Si l'on réfléchit, d'un autre côté, aux difficultés insurmontables qu'entraînerait une expropriation générale, on reconnaîtra que ce n'est pas sans raison que j'ai dit tout à l'heure que la suppression de la propriété particulière ou communisme est opposée aux intérêts de la classe prolétarienne.

En est-il autrement de la révolution sociale et de la lutte des classes? C'est ce que nous examinerons dans le chapitre suivant.

VIII. — Le révolutionnarisme et la lutte des classes.

Parlons d'abord du *révolutionnarisme*, mot que je crois nouveau et dont je suis peut-être le premier à avoir fait usage, comme du mot *révolutionnisme*. (Voir le Mutualisme et la Question sociale, pages 4 et 5.)

J'ai dit déjà que je ne repoussais aucun moyen ; je ne repousse pas les moyens révolutionnaires plus que les autres. Celui qui est réellement dévoué à une opinion ; celui surtout qui a l'honneur d'être investi d'un mandat électif, ne doit reculer devant rien pour assurer le triomphe de sa cause, dût-il exposer, dans une révolution, sa fortune et sa vie. Mais celui qui est sincèrement révolutionnaire ne doit pas le crier d'avance par dessus les toits, car il contribuerait ainsi à empêcher la révolution, en permettant à ses adversaires de se mettre sur leurs gardes. Par contre, il doit s'efforcer d'y préparer l'opinion publique, car il doit savoir qu'*une révolution qui n'a pas pour elle l'opinion publique, n'a pas de lendemain.* Il doit imiter en cela, comme en beaucoup d'autres choses, nos ancêtres de 1789 ; ils n'ont pas

cru utile à leur cause de se proclamer révolutionnaires, mais ils ont su tout préparer pour faire
réussir la révolution politique et sociale, si elle
venait à éclater.

Le révolutionnarisme déclaré d'avance est donc
nuisible aux intérêts du prolétariat.

J'en dirai autant de la lutte des classes. Ce qui
est avantageux, c'est de faire cesser l'antagonisme
des citoyens entre eux, et cet antagonisme tient
presque uniquement, maintenant que les distinctions
personnelles héréditaires sont abolies, à l'inégalité
des fortunes; mais je ne vois pas ce que l'ouvrier
peut gagner à proclamer qu'il veut la lutte des
classes, ce qui semble indiquer l'anéantissement de
l'une d'elles, en sorte que celle-ci peut se demander
avec inquiétude quelle va être sa destinée si le parti
révolutionnaire vient à triompher. Ce qui intéresse
l'ouvrier, et, au fond, c'est la même chose, c'est la
fusion des classes. J'ai donc eu raison de dire aussi
que le principe de la lutte des classes est contraire
aux intérêts de la classe prolétarienne.

IX. — Comment il faut interpréter l'histoire

Karl Marx me fait l'effet d'interpréter l'histoire à
rebours. Je reconnais avec lui que presque tous les
bouleversements sociaux ont été accompagnés de ré-
volutions, de luttes à main armée, même de guerres

civiles entre les différentes classes de la société; mais il n'en a pas été ainsi de tous. Un des plus considérables assurément, l'abolition de l'esclavage et du servage, aussi bien dans l'antiquité qu'au Moyen Age, que de nos jours, s'est effectué sans révolution violente. On a bien eu les guerres serviles vers la fin de la République romaine, mais l'esclavage antique n'a été aboli que plusieurs siècles après, sous la pression de l'opinion publique. Par conséquent, au lieu de pousser à la révolution et à la lutte des classes, qui ne sont désirables pour personne, il faut se dire que, comme l'histoire nous apprend qu'elles peuvent accompagner l'évolution sociale, mais qu'il est possible et désirable de les éviter, nous devons faire tous nos efforts pour obtenir ce résultat.

X. — Solution de la question sociale

En disant ce qu'il faut éviter dans le Marxisme, nous avons à peu près dit ce qu'il faut faire pour y suppléer. Je le résume :

Pousser à la coopération, non pas seulement à celle de consommation qui est, en quelque sorte, l'enfance de l'art, mais à la coopération de production, surtout dans la grande industrie, ce qui est infiniment plus important, Si tous les amis de la classe ouvrière avaient souscrit, même aussi modestement que je l'ai fait, à la coopération de production qui vient de se constituer au Creusot ; si celle-ci avait pu réunir, par cette voie ou par une autre, une centaine de millions de capital, les grévistes dissidents n'auraient pas loin à chercher pour trouver unappui contre la Société puissante qui vient de fournir des canons au Céleste Empire.

Ce n'est pas parmi les amis de la classe ouvrière qu'il faut chercher la fortune ; ils auraient beau réunir tout ce qu'ils possèdent qu'ils ne pourrait l'emporter sur les milliards capitalistes. Ils n'y parviendront jamais sans le secours de l'Etat. Il faut donc être *étatiste*, et c'est encore un reproche que je dois faire à Karl Marx qui ne l'était pas, uniquement peut-être parce que son rival Lassalle l'était. Il faut donc arriver le plus tôt possible à la conquête des pouvoirs publics et le premier usage que nous devrons en faire sera d'organiser solidement, sur des bases socialistes, le crédit industriel et agricole.

En même temps, il faudra réorganiser, sur les mêmes bases, l'enseignement industriel et agricole qui n'existe encore qu'à l'état d'embryon ; il faut que les ouvriers, qui voudront se réunir pour lutter contre le patronat, trouvent, parmi eux, des contre-maîtres et même des ingénieurs capables, sans être obligés d'en emprunter à la société capitaliste, au prix de 30,000 francs par an. Ce résultat sera atteint le jour où un bon ingénieur ne sera pas plus rare qu'un bon mécanicien et, en disant celà, je ne prêche pas pour ma paroisse, car je suis ingénieur et mes deux gendres le sont aussi.

Le jour où l'on aura organisé tout cela, ce qui
est mon rêve, après avoir été celui de Louis Blanc,
de Fourier, de Lassalle et de tant d'autres illustres
socialistes, on pourra dire que la question sociale est
complètement résolue.

XI. — Quel devrait être le rôle du Comité Général ?

Quel devrait être le rôle du Comité Général ?
Encourager, par tous les moyens, l'évolution socialiste et non l'entraver en aucune manière.

Une religion est obligée d'être plus ou moins
intolérante ; elle peut même avoir intérêt à le devenir,
lorsqu'elle a réussi à dominer les consciences de cen-
taines de millions d'êtres humains plus ou moins
ignorants et qu'il lui importe de retenir dans l'igno-
rance.

Mais qu'on retrouve la même intolérance dans un
comité qui s'intitule socialiste, qu'il aille jusqu'à
excommunier ceux qui croient travailler au progrès du
socialisme en le poussant dans la voie de l'évolution
qui lui est assignée et qu'il est loin d'avoir accomplie,
c'est ce que nous ne saurions admettre.

Si le Comité Général tient à la propagande des
idées socialistes, s'il veut que le socialisme, en faisant

la conquête des pouvoirs publics, arrive enfin à réaliser le triomphe définitif de la Raison et à affranchir le Travail du Capital, il faut qu'il devienne aussi tolérant qu'il a été intolérant jusqu'ici. La victoire est à ce prix.

XII. — Définitions

Je terminerai en répétant ici la définition que je donne du *Socialisme* et en la faisant suivre de celle que je donne aussi de l'*Economisme* ou économie politique. (Voir *la Définition du Socialisme*, brochure de huit pages éditée en 1899 par la librairie de la *Revue Socialiste*.)

Je donne le nom de *Socialisme* à la doctrine qui a pour but *d'assurer à chacun la plus grande somme de bien-être matériel et moral possible, en exigeant de lui le moins de travail possible, et qui admet l'intervention de l'Etat toutes les fois qu'elle est nécessaire ou simplement utile.*

Si le Comité admettait cette formule ou une semblable, il ne découragerait pas une foule de bonnes volontés qui ne demandent pas mieux que d'aller au socialisme et, parmi elles, celles des citoyens énergiques et ardents qui composent le parti radical-socialiste et qui ont la prétention de descendre en droite ligne des illustres révolutionnaires qui ont sauvé la France et la démocratie en 1793.

Je me permets donc de recommander au Comité Général cette définition du socialisme; elle devrait être adoptée par tous les prolétaires et par tous leurs amis. Elle perdrait de sa valeur si on ne la rapprochait pas de celle que je donne de l'économisme ou économie politique qui est, comme l'on sait, la doctrine des capitalistes et de tous les satisfaits en général :

L'économisme a pour but d'assurer à chacun les moyens de produire la plus grande somme possible de richesses, le plus économiquement possible, et en ne faisant appel qu'à l'initiative particulière, sans intervention de l'État.

Alexandre LATERRADE.

Avant les Congrès

I

La publication par *l'Aurore* de l'opuscule qui précède est à peine terminée que s'ouvrent à Paris, deux grands congrès socialistes, l'un international, l'autre national. Quelques esprits simplistes ont pensé que c'était là une occasion de discuter les objections que l'on fait au système de Karl Marx ; mais il n'en est rien. Le Comité Général du Parti Socialiste Français, qui a organisé les Congrès, a interdit, leur entrée aux hérétiques, car nul ne peut y prendre part s'il ne fait une profession de foi orthodoxe, c'est-à-dire purement marxiste. Si l'on ajoute que la coopération, sous aucune de ses formes, ne figure aux programmes, on comprendra que ces congrès n'ont pour nous qu'un intérêt relatif et il paraît que nous ne sommes pas seul de cet avis,

17

car un grand nombre de syndicats ouvriers s'abstiennent également, bien que l'intérêt évident de la classe ouvrière soit de rechercher, avec les vrais socialistes, les meilleurs moyens d'améliorer les conditions sociales en général, celles du travail en particulier; mais ils n'ont pas voulu, plus que nous, faire une profession de foi communiste, c'est-à-dire anti-libertaire et anti-fraternelle.

II

Lorsque l'un des chefs du parti socialiste a été chargé du Ministère du Commerce et de l'Industrie, autrement dit du Travail, on ne s'attendait certainement pas à ce que cette mesure hardie rencontrerait de l'opposition chez les socialistes, car on les mettait ainsi à même de résoudre la question sociale, au moins d'en proposer les moyens. C'est pourtant ce qui a eu lieu.

Depuis plus d'un an, la discorde est au camp des socialistes marxistes, les uns approuvant la conduite du citoyen Millerand, les autres la désapprouvant; c'est la chose principale dont les congrès vont s'occuper et l'on se demande s'ils réussiront à faire l'unité ou si une scission ne va pas s'opérer dans le parti socialiste français.

III

Les socialistes pratiques et, avec eux, les citoyens qui ne professent pas les croyances marxistes dans

toute leur pureté, n'ont qu'à attendre, espérant toutefois que des questions encore plus intéressantes
seront discutées par les sociologues éminents venus
à Paris de tous les points de l'univers.

22 Septembre 1900.

Après les Congrès

I

Le résultat des Congrès a bien été à peu près celui que l'on pouvait prévoir. Très peu de questions intéressantes y ont été traitées en dehors de l'affaire Millerand et celle-ci, comme on le prévoyait, a abouti à la scission du parti.

Dans les discours qui ont été prononcés par les délégués étrangers, à l'ouverture du congrès internationale, notons ceux des citoyens Vandervelde, belge et Kundsen, danois. Le premier a rendu un public hommage aux Révolutionnaires Français de 1793 et il est à noter qu'au congrès national, Jules Guesde a fait de même. Le citoyen Kundsen a reconnu que c'était aux Révolutionnaires Français de 1848, que la *classe ouvrière* de son pays, comme celle de presque toute l'Europe, était redevable d'une constitution libérale ; il a ajouté que son pays était préparé à la révolution complète et « à la fondation d'une nouvelle Société de *liberté*, d'*égalité* et de *fraternité* ! »

Ou bien, le citoyen Kundsen n'est pas marxiste ; ou bien, il connaît bien mal les doctrines du grand prophète de son parti. Sans cela, il ne retiendrait, de la devise des révolutionnaires de 1848, que le seul mot *égalité*, et encore ! Il est clair en effet que le citoyen devenu propriétaire collectif de ses instruments de travail, est plus libre que le prolétaire obligé de louer son travail à la collectivité des travailleurs et que la *fusion* des classes, se rapproche plus de la fraternité que la *lutte* des classes. J'ai dit quelque part qu'au fond *lutte* et *fusion* étaient mêmes choses. Toutes deux en effet doivent conduire au même but : l'égalité, mais l'une y conduit plus facilement que l'autre. C'est ainsi qu'aucun de ceux qui veulent la fusion des classes ne songerait à reprocher à un socialiste d'entrer dans un ministère républicain.

Les citoyens Vandervelde et Kundsen « ont été couverts d'applaudissements ; on a fait, à chacun, une véritable ovation » et il est à remarquer que tous les orateurs qui ont émis des idées généreuses ; si opposées qu'elles fussent à celles de Karl Marx, ont été accueillis de même. Les seuls orateurs qui aient été accueillis froidement sont ceux du parti Guesdiste, lorsqu'ils se sont montrés par trop intransigeants. En rapprochant ce fait de l'abstention aux congrès d'un très grand nombre de Sociétés ouvrières, on est conduit à ne pas désespérer, malgré le triomphe apparent des marxistes, de faire prévaloir des idées plus rationnelles parmi les ouvriers industriels eux-mêmes, et il est à remarquer que, tandis que Karl Marx n'a écrit que pour eux, les socialistes pratiques s'adressent, non seulement à eux, mais aux agrariens et à la Société tout entière.

II

Quelles conséquences aura le schisme des Guesdistes ? L'élément anti-marxiste pourra-t-il trouver place dans le nouveau comité général et dans le nouveau congrès national qui doit s'ouvrir dans six mois ? C'est ce qu'il est impossible de dire en ce moment.

III

Le marxisme, sous l'influence de Jules Guesde et de Paul Lafargue gendre de Karl Marx, a revêtu tous les caractères du fanatisme religieux. Ses dogmes ne sont guère mieux prouvés que ceux des autres religions qui se disputent la crédulité du genre humain. A ceux qui voudraient des preuves, les disciples du Maître répondent invariablement que Karl Marx était un grand prophète, qu'il a écrit trois énormes in-folios formant la matière de trente volumes ordinaires, qu'ils contiennent des choses admirables et que, tant qu'on ne les aura pas lus et médités, on n'a qu'une chose à faire, c'est admirer respectueusement et en silence. Mais, fanatiques que vous êtes, qui vous dit que nous n'avons pas lu et médité comme vous l'œuvre grandiose de votre prophète, je devrais dire de votre Dieu ! Qui vous dit que nous ne reconnaissons pas qu'il était un grand sociologue, voire même un grand philosophe, ce qui, il est vrai, n'est pas toujours synonyme d'esprit juste. Les seules choses auxquelles nous vous demandons de répondre, c'est de nous dire si le communisme et la lutte des classes ne sont pas des obstacles à la réalisation de l'idéal socialiste, au lieu d'être des moyens d'y parvenir.

IV

Les derniers congrès ont achevé de révéler ce dont on se doutait bien un peu depuis l'entrée de Millerand au Ministère, c'est-à-dire depuis plus d'un an, à savoir qu'il y a deux fractions antagonistes dans le parti marxiste : les *Intransigeants* qui ont pour chefs Jules Guesde et Paul Lafargue, les Indépendants qui ont avec eux Jean Jaurès, Gustave Rouanet, Alexandre Millerand et tant d'autres hommes de valeur, parmi lesquels on pourrait aussi trouver de grands sociologues et même de grands philosophes.

D'après eux, les intransigeants n'auraient aucun programme bien déterminé. Ils n'en auraient d'autre que la révolution sociale qui doit, à brève échéance, anéantir le capitalisme ainsi que la bourgeoisie et procurer le bonheur universel. Mais ils négligent de dire, ni en quoi consistera ce bonheur universel, ni les moyens à l'aide desquels, on pourra y parvenir. Ils nous disent seulement, que dis-je, ils prophétisent qu'elle aura lieu à très brève échéance et qu'il est inutile ainsi de s'occuper de réformes partielles lesquelles, en donnant une certaine satisfaction à la classe ouvrière, ne feraient que retarder le jour très prochain où le peuple se soulèvera en masse pour les réaliser toutes à la fois.

Les *indépendants* se rapprochent plus des *pratiques*. Ils n'en diffèrent guère qu'en ceci : dans la verrerie ouvrière, le type des indépendants, l'ouvrier reçoit sa journée et rien de plus, tandis qu'au familistère de Guise, il a droit en outre aux bénéfices, ce qui fait qu'il gagne beaucoup plus. Le système des indépendants ne diffère donc du système capitaliste que parce que l'ouvrier, au lieu d'être le salarié du capital, est le salarié du prolétariat.

J'accepte le système de Guise, en faisant observer toutefois, que le mien, celui que j'ai exposé à la page 16 de ma brochure de 1896, est encore plus socialiste, car il augmente les salaires en raison des charges, pourvoyant ainsi aux besoins de tous ; vieux ou jeunes ; allant jusqu'à fournir une dot, modeste sans doute, aux jeunes gens qui se marient. Bornons-nous à faire observer que ce système n'est pas absolument impraticable, car quelques-unes de nos grandes compagnies l'appliquent déjà partiellement à leur personnel.

24

V

Les indépendants ont un des leurs au pouvoir; il détient même le ministère le plus important au point de vue socialiste, celui du travail, et ils ont tout fait pour l'y maintenir. Qu'il fasse donc quelque chose! Sans cela, ce ne seront plus les intransigeants qui demanderont sa démission parce qu'il pourrait en faire trop; ce seront d'autres socialistes qui trouveront qu'il n'en fait pas assez.

1er Octobre 1900.

Résumés et Conolusions

I

Le nouveau Comité Général du Parti Socialiste sera-t-il plus tolérant que l'ancien? C'est ce qu'il est difficile de conjecturer, surtout après avoir lu l'article magistral intitulé: " La Droite voie " dans lequel Jean Jaurès, le leader du parti socialiste indépendant trace le devoir des vrais croyants. Cet article débute ainsi :

« Il n'y a pas à chicaner, à équivoquer ou à ruser.
« Le dernier Congrès a tracé au Parti le devoir le
« plus grand à la fois et le plus clair : faire l'unité.
« Et il s'agit bien de l'unité entre tous les socialistes,
« entre tous ceux qui veulent organiser le prolétariat
« en parti de classe, assurer l'entente et l'action
« internationale des travailleurs et conquérir le
« pouvoir pour substituer à la Société capitaliste une

« Société nouvelle, collectiviste ou communiste.
« Quiconque accepte ces principes avait droit de
« représentation au Congrès. Quiconque les accepte
« a droit de cité dans le grand parti socialiste qui,
« demain sera unifié. »

II

Ce qui m'étonne le plus dans cette déclaration,
c'est qu'elle vienne d'un socialiste ayant appartenu
au parti des indépendants, car quel est l'esprit tant
soit peu indépendant ayant le moindre souci de sa
dignité qui voudrait souscrire un engagement pareil !
Est-ce que les dogmes de la lutte des classes, du
collectivisme ou du communisme ne sont pas presque
aussi difficiles à avaler que ceux de la Très Sainte
Trinité ou de l'Immaculée-Conception ! Au moins
l'église catholique a-t-elle la bonne foi de reconnaître
que ses doctrines ne peuvent pas être prouvées ;
elles ont été révélées. Quant à celles que nous sert
aujourd'hui la *Petite République socialiste*, elles ont
été démontrées déjà, paraît-il, et il n'y a plus à
revenir sur des vérités aussi bien établies.

Les catholiques reconnaissent l'autorité des *Saints
conciles*, les socialistes eux, doivent s'incliner, devant
celle des non moins *Saints congrès*, de ceux surtout
où les fidèles sectateurs de l'orthodoxie Marxiste
se sont couverts de gloire en extirpant les derniers
vestiges de l'infâme hérésie Lassallienne.

Je crois pouvoir dire où et quant ces faits mé-
morables se sont passés. C'était, si j'ai bonne mé-

moire, au Congrès de Paris (1889) et à celui de Halle
(12 octobre 1890). A Halle, sur la proposition de
Liebknecht, on a révisé, de fond en comble, le
programme de Gotha qui remontait déjà à 1875 et
qui avait surtout le tort de laisser subsister quelques-
unes des doctrines hérétiques de Lassalle et non les
moins dangereuses.

La propriété privée qu'on avait eu l'audace de
tolérer a été définitivement condamnée ainsi que
l'établissement « proposé par le même faux prophète
d'associations productives de travailleurs avec le
concours de l'Etat. »

Je ne sais toutefois comment on aurait pu arriver
à ces beaux résultats si l'on avait été aussi intolérant
en 1890 qu'on veut l'être aujourd'hui. Comment
aurait-on pu trouver, au congrès de Halle, une
majorité pour abolir les doctrines de Gotha si, pour
y être admis, il avait fallu commencer par faire un
acte de foi en leur faveur. Mais, dira-ton, l'opinion
publique avait dû se prononcer. Ce n'est pas dou-
teux ; mais qui nous dit qu'il n'en est pas de même
aujourd'hui, en sens inverse, bien entendu! Ne voit-
on pas un député socialiste militant autorisé à faire
partie d'un ministère bourgeois! Tous les socialistes,
les Guesdistes exceptés, n'ont-ils pas, peu de temps
auparavant, accueilli avec enthousiasme les décla-
rations des députés belges Bertrand et Vandervelde
nous apprenant tout le parti qu'on avait su tirer de
la coopération dans leur pays ! N'est-on pas en droit
de penser, dès lors, que le parti socialiste est disposé

aujourd'hui à revenir aux doctrines de Lassalle, comme il l'était en 1900 à adopter celles de Karl Marx?

Il nous semble donc que tous les socialistes, sans distinction de nuance, devraient être admis au congrès d'avril 1901, comme ils l'ont été sans doute à celui de Halle en 1890.

III

Puisque j'ai déjà cité Jean Jaurès, que j'ai même qualifié de leader du parti socialiste indépendant, je me permets de faire encore appel à son autorité. Si j'ai bonne mémoire, il a écrit, au cours de sa polémique avec le *Socialiste*, organe de Jules Guesde et du P. O. F. (Parti Ouvrier Français), que le programme de ce parti manquait de netteté et n'avait encore produit aucun résultat. Je trouve ce reproche mérité, mais il me semble qu'il pourrait être adressé tout aussi bien aux indépendants et à toutes les branches du grand Parti Marxiste, du Parti ainsi qu'on dit parfois, comme s'il n'y avait que lui au monde.

Le socialisme pratique, je le sais, ne compte pas; mais cependant, pour éviter au moins qu'on puisse lui adresser tous ces reproches, je vais m'efforcer de résumer son programme aussi nettement que possible. Je commencerai par définir le socialisme en général.

Tout le monde est d'accord aujourd'hui pour donner le nom de *sociologie* à la science sociale, à celle qui s'occupe de l'organisation de la Société. Elle comprend donc ce que l'on appelait autrefois *économie politique*, ainsi que ce que, plus récemment, d'autres appelaient *socialisme*.

L'une des grandes vérités qu'enseigne la sociologie, c'est que la société doit être organisée à la fois en tenant compte, dans une certaine mesure, des questions utilitaires et des questions humanitaires ; mais on peut faire une part plus ou moins grande à l'un ou à l'autre de ces principes. Suivant que l'on est, surtout utilitaire ou surtout humanitaire, on est économiste ou socialiste. En outre, on sait que les économistes ne sont pas interventionnistes puisqu'ils adoptent la formule du *laisser faire, laisser aller* et repoussent l'intervention de l'Etat.

Les socialistes, au contraire, sont interventionnistes, puisque la plupart des écoles socialistes, parmi lesquelles l'école Lassallienne, admettent l'intervention de l'Etat et que les autres, les Marxistes, admettent celle du prolétariat organisé en parti de classe, ce qui revient au même, puisqu'ils admettent la conquête des pouvoirs publics par le même prolétariat. Par suite, je définirai ainsi l'économisme et le socialisme :

L'*Economisme* est une doctrine qui a pour but *d'assurer à chacun les moyens de produire la plus grande somme possible de richesses, le plus économiquement possible, en ne faisant appel qu'à l'initiative particulière, sans intervention de l'Etat.*

Le *Socialisme* est la doctrine qui a pour but

d'assurer à chacun la plus grande somme de bien-être matériel et moral possible, en exigeant de lui le moins de travail possible et qui admet l'intervention de l'État, toutes les fois qu'elle est nécessaire ou simplement utile.

On a reproché à cette définition d'être trop générale; à ce compte-là, dit-on, tout le monde serait socialiste. Nullement, car il y a une doctrine opposée; elle s'appelle l'économisme et malheureusement pour l'humanité, il y a encore beaucoup plus d'économistes que de socialistes. Quant aux autres définitions qui ont été proposées, la plupart sont inadmissibles, car elles ne définissent rien, se bornant à indiquer l'un ou plusieurs des moyens que l'on pourrait employer pour parvenir à quelque chose. En outre, on s'expose ainsi aux contradictions et aux confusions, sans parler des scissions et des divisions qui en sont la conséquence. C'est ainsi qu'après avoir proclamé que les seuls moyens de réaliser le socialisme étaient la lutte des classes et la suppression de la propriété particulière, on a été obligé de reconnaître qu'on pouvait y arriver également par l'entrée d'un socialiste dans un ministère bourgeois et par la coopération industrielle qui ne supprime aucune espèce de propriété !

Il me semble donc que pour être logique, il faut adopter la formule ci-dessus ou une autre du même genre.

IV

Voyons maintenant quel est notre idéal; il ne pourra satisfaire tout le monde, car il est difficile de supprimer la pauvreté sans diminuer plus ou moins la richesse.

Dans notre Société idéale, tout le monde travaillera en raison de son âge et de ses forces. Aux adultes vigoureux, les travaux les plus longs et les plus pénibles. Aux adolescents et aux hommes âgés, les plus courts et les plus faciles.

Une fois sa tâche accomplie, libre à chacun d'employer le reste de la journée comme il lui plaira, même de faire quelques heures supplémentaires pour procurer un supplément de bien-être à sa femme et à ses enfants.

Cependant personne ne sera obligé de travailler ainsi, car moyennant un labeur qui sera au maximum de six à huit heures par jour, tout le monde sera assuré du présent et de l'avenir : les enfants seront élevés; les vieillards et les incapables seront soignés; les filles seront dotées. Ce ne sera pas le luxe assurément, mais ce sera l'aisance. On ne pourra se payer tous les jours des ortolans et du chambertin; mais on pourra, de temps à autre, mettre une bonne volaille à la broche et l'arroser avec une vieille bouteille de Mâcon.

Il est bien entendu que les paiements à faire se feront autant que possible en nature ; mais que lorsqu'ils ne pourront se faire ainsi, ils se feront en argent; ce sera même le cas le plus général, surtout au début.

Que l'on ne dise pas, d'ailleurs, que tout cela n'est que pure utopie et que l'Etat seul pourrait l'appliquer; car le système a déjà reçu un commencement d'exécution et ce n'est pas à l'Etat qu'il est dû. A la Compagnie d'Orléans, le salaire des agents inférieurs n'est plus simplement proportionnel au travail exécuté par eux; il l'est également à leurs charges de famille et en particulier au nombre de leurs enfants.

V.

Entrons maintenant dans le domaine de l'actualité et disons quelles seraient les mesures à prendre en ce moment pour arriver le moins lentement possible à s'approcher le plus possible de l'idéal que nous venons d'esquisser:

1° Réforme de la Constitution

Notre Constitution n'est pas celle d'une République démocratique, mais celle d'une monarchie élective représentative.

Pour que ce soit le contraire, il faudrait d'abord, ou bien supprimer le Sénat, ou bien l'élire au suffrage universel, ce qui permettrait de lui donner des pouvoirs égaux à ceux de la Chambre et de conférer au parlement ainsi reconstitué le pouvoir suprême qui aujourd'hui n'est à personne.

2° Impôt sur le Revenu

Les impôts actuels sont excessifs et horriblement mal répartis. Le socialisme doit s'attacher, non seulement à diminuer les dépenses et par suite les impôts, mais à remplacer les taxes actuelles par un impôt rationnel équitablement réparti, lequel ne pourra être autre que l'impôt sur le revenu.

3o Crédit agricole par l'Etat

Les instruments de travail ne sont pas tous entre les mains des capitalistes. Il est encore quelques petits industriels et beaucoup de petits agriculteurs qui sont en possession de leurs instruments de travail. Il faut leur venir en aide, surtout aux agrariens qui tiennent tant à leurs propriétés.

On a essayé de venir au secours de l'agriculture par la loi des warrants et en obtenant pour elle près de cinquante millions de la banque de France; mais ces mesures conçues dans un sens trop économiste n'ont produit jusqu'ici aucun résultat. Je me permets de croire qu'il en serait autrement si je parvenais à faire adopter une proposition de loi que j'ai présentée depuis longtemps déjà et qui se rapproche davantage des principes socialistes.

Quant à l'industrie, il n'y a encore rien de fait que je sache, pas même de projeté, mais on a placé un socialiste à la tête du ministère du commerce et de l'industrie qui est vraiment le ministère du travail et il parviendra certainement, répudiant au besoin ses idées marxistes d'autrefois, à instituer un crédit vraiment socialiste qui ne pourra être que le :

4° Crédit industriel par l'Etat

à l'aide duquel il pourra donner à la classe ouvrière les capitaux et la direction qui lui ont manqué jusqu'ici pour lutter avec succès contre la classe *bourgeoise*, ainsi qu'il l'appelait lui-même avant d'être au pouvoir.

Il aura surtout, afin d'y parvenir, à organiser des coopératives industrielles de grande production. Je me permettrai alors de lui recommander l'adoption du système esquissé plus haut ou, du moins, de s'en rapprocher le plus possible.

5° Enseignement intégral

non seulement scientifique et littéraire, mais technique et professionnel, industriel et agricole.

Pour que les ouvriers, tant industriels qu'agricoles, soient mieux à même de soutenir la lutte, il faut leur donner une éducation complète. Tous auront des notions d'agriculture et d'industrie. Les plus intelligents et les plus capables en apprendront assez pour faire de bons chefs de culture ou d'ateliers, des ingénieurs mêmes.

Le jour où l'instruction sera assez répandue pour qu'un bon ingénieur ne soit pas plus rare qu'un bon menuisier, il ne se paiera pas plus cher et un grand pas sera fait vers l'égalité.

Au même point de vue, il faut que tout le monde, riche ou pauvre, sache travailler, non seulement pour être à l'abri d'un revers de fortune, mais pour que ceux qui ont le bonheur d'exercer une profession dite libérale cessent de mépriser ou du moins de

tenir en médiocre estime ceux qui sont obligés de
travailler de leurs mains.

VI

Nous pensons en résumé qu'à l'aide des mesures
ci-dessus énumérées, on pourra, sinon résoudre
intégralement la question sociale, du moins approcher de la solution autant qu'il est possible de le
faire en ce moment. Ces mesures sont au nombre de
cinq :

1° Réforme de la Constitution,
2° Impôt sur le Revenu,
3° Crédit agricole par l'Etat,
4° Crédit industriel par l'Etat,
5° Enseignement intégral.

22 Novembre 1900.

Alexandre LATERRADE

Discours prononcé par le citoyen Laterrade

Au Banquet offert le 7 Février 1897, aux nouveaux sénateurs démocrates-progressistes, par le *Comité d'actions pour les Réformes républicaines*, sous la présidence de M. Léon BOURGEOIS.

Plus de 250 personnes assistaient à ce banquet parmi lesquelles 14 nouveaux sénateurs, 30 anciens et 80 députés.

Ont pris la parole avant M. Laterrade : MM. Baduel, ancien président de la gauche démocratique du Sénat et Gustave Isambert, député.

Ont parlé après lui : MM. Abeille, nouveau sénateur de la Haute-Garonne; Bernard, sénateur du Doubs; Peytral; René Goblet; Dujardin-Beaumetz et Léon Bourgeois.

M. Laterrade s'est exprimé ainsi :

« Je commence par remercier les membres du « Comité d'action pour les réformes républicaines » de l'honneur qu'ils nous ont fait en nous invitant à ce banquet fraternel ; je remercie aussi l'ancien président de notre groupe sénatorial, l'honorable M. Baduel, des termes dans lesquels il nous a souhaité la bienvenue. Encouragés par ses paroles, nous nous efforcerons de suivre nos devanciers dans la voie qu'ils nous ont tracée et d'y marcher avec eux, d'un pas égal, vers les réformes démocratiques. *(Applaudissements.)*

« Je ne ferai ainsi que me conformer aux vœux les plus ardents des électeurs du Gers qui se sont distingués, cette fois, en envoyant siéger au Sénat trois radicaux-socialistes. *(Applaudissements.)*

« Oui, les électeurs du Gers sont, comme moi, affamés de réformes et ils savent qu'on ne peut les réaliser toutes sans toucher plus ou moins à l'édifice social, mais, s'il faut bien se garder de le détruire ; c'est d'une main ferme qu'il faut travailler à sa réparation qui doit avoir lieu depuis le faîte jusqu'à la base. *(Bravos.)*

« Ce n'est plus assez de vaines promesses depuis que, grâce à l'instruction obligatoire, le sens politique a pénétré la population tout entière ; ce qu'il faut aujourd'hui, ce sont des actes et non des paroles, et je puis dire, pour ma part, que si le nom de Léon Bourgeois, de l'homme d'Etat célèbre qui nous préside aujourd'hui, est resté populaire jusque dans les campagnes les plus reculées, c'est parce que le ministère dont il était le chef, a su le premier s'occuper résolument de la réforme de l'impôt qui pèse si lourdement sur nos malheureuses populations agricoles. (*Applaudissements répétés.*)

« Mais les réformes matérielles ne suffisent pas, il faut aussi des réformes morales ; (*Applaudissements.*) il faut surtout travailler à combler le fossé encore si large et si profond qui sépare la Société en deux parties inégales, laissant d'un côté, bien haut vers la droite, la caste des *Messieurs*, comme je les appelle, qui comprend ceux qui ont horreur de tout travail servile ou manuel et qui méprisent profondément la caste des *ouvriers* sur laquelle retombe en entier la charges des travaux humiliants et pénibles. (*Applaudissements.*)

« Pour mener tout celà à bonne fin, il faut certainement que la République soit à la fois démocratique et sociale, mais je me hâte de dire que, dans mon esprit, démocratie et réformes sociales sont symboles de justice et de fraternité, (*Bravos.*) et je termine en levant mon verre :

« A l'avénement prochain du règne de la justice sociale.

« A la Fraternité. » (*Double salve d'applaudissements.*)

Ce discours a paru en entier dans le n° du 9 février 1897 du *Voltaire* qui était alors le journal de M. Léon Bourgeois. M. L. L. Klotz en était le directeur politique et M. A. Gervais le rédacteur en chef. Il en est extrait textuellement, sauf au commencement de l'avant-dernier paragraphe où nous avons, avec l'assentiment de l'auteur, mis « réformes morales »,

au lieu de « réformes sociales », qui ne peut avoir
été opposé par M. Laterrade à « réformes matérielles » tandis qu'il a toujours été partisan de faire
simultanément des « réformes matérielles et morales. »

Comme celui qu'on pourra lire ci-après, comme
tout ce qu'a fait M. Laterrade depuis qu'il est entré
dans la vie politique, ce discours tend à l'union du
radicalisme et du socialisme. Il est regrettable en
effet, qu'en voulant imposer à la démocratie des
dogmes trop absolus et d'ailleurs controversables,
le socialisme moderne s'efforce d'éloigner de la cause
populaire des révolutionnaires comme ceux dont les
ancêtres ont accompli le grand acte social qui s'est
déroulé de 1789 à 1793.

Discours prononcé par le citoyen Laterrade

à la Cérémonie anniversaire de la mort
de Benoît MALON (*Septembre 1897*) *

« Bien qu'appartenant au parti radical socialiste, faute peut-être d'en avoir trouvé d'autre au Sénat dont les idées se raprochent davantage des miennes, j'ai tenu à rendre ici un public hommage à la mémoire du grand citoyen que fut Benoît Malon.

« Tout est à retenir dans la trop courte carrière du fondateur de la *Revue Socialiste*, mais ce que j'y vois surtout, moi qui voudrais que le travail manuel fut honoré à l'égal des autres, c'est l'ouvrier, parvenu par son labeur et son intelligence jusqu'au nivau de la caste des Messieurs, et bien au delà. Il est resté fidèle à son passé; jusqu'à sa mort, il a consacré tout ce qu'il avait de force et d'énergie à travailler à l'amélioration du sort de la caste prolétarienne.

« Citoyens, bien que le parti dans lequel je me trouve classé n'ait pas la même étiquette que d'autres, il se confond avec eux dans un but commun, que poursuivait comme nous Benoît Malon, celui d'arriver par le chemin le plus court au règne de la justice sociale et de la fraternité.

---

* Voir *Revue Socialiste*, n° 153, page 378.

« Pour y parvenir, tous les moyens sont bons ; les meilleurs sont ceux qui conduiront au but le plus sûrement et le plus vite. Si nous repoussons, avec d'autres, les moyens violents, ce n'est pas que nous craignons pour notre fortune ou notre vie dont nous avons fait le sacrifice le jour où nous avons embrassé la cause populaire, c'est parce que nous sommes convaincus que ce ne sont pas les meilleurs. Il nous semble, en effet, qu'il est tout au moins prématuré de divulguer à nos adversaires ce que nous ferons de la force, avant d'avoir su la conquérir?

« Mais, direz-vous, la révolution sociale approche et avec elle le règne de la justice universelle que vous appelez de tous vos vœux. Je voudrais en croire votre confiance, mais hélas ! combien ai-je vu d'illusions pareilles, moi qui était l'aîné de Benoît Malon, moi dont le cœur a battu avec ceux des Cabet, des Considérant, des Louis Blanc et de tant d'autres vaillants qui ont procédé dans la carrière celui dont nous célébrons aujourd'hui la mémoire. Je me couchais plein d'espérance, et le lendemain je retrouvais la France enchaînée par un despote qui envoyait à l'échafaud ou au bagne les défenseurs du droit et de la justice. Puis, mes cheveux ont blanchi dans une attente qui dure encore et je me vois aujourd'hui avec ceux qui, comme moi, ont été honorés des libres suffrages de leurs concitoyens, traqués comme des bêtes fauves, parce que nous avons l'audace de penser qu'il pourrait bien y avoir quelque chose de bon dans le socialisme.

« Comment voulez-vous, citoyens, qu'en voyant un ministre employer de tels procédés en pleine république, nous ne soyons pas possédés d'un désir immodéré de marcher à la conquête des pouvoirs publics ? Qu'on puisse au moins être républicain, et même socialiste, sous une république qui inscrit sur son drapeau : *Liberté ! Égalité ! Fraternité !*

« Sans nous arrêter à de vaines discussions, sans dire d'avance ce que nous ferons d'un pouvoir que nous ne possédons pas encore, travaillons tous ensemble à le conquérir et imitons nos pères qui se sont bien gardés de parler de révolution avant l'heure, mais qui ont su faire tout ce qu'il fallait pour la préparer.

« Si je n'entrevois pas encore la réalisation intégrale de toutes mes aspirations, j'espère au moins que nous verrons bientôt luire des jours meilleurs. En les attendant avec vous, vous permettrez du moins à un vieux démocrate de proférer cet appel auquel se serait certainement associé Benoît Malon :

« Vienne au plus tôt le règne de la Justice, de la Fraternité et surtout de l'Égalité sociale ! »

A. L.

C'est ainsi, comme on voit, un nouvel appel à l'union du socialisme et du radical-socialisme. C'est ainsi que l'ont jugé, en le traitant de chimère, les journaux qui s'en sont occupés. Cette chimère est à

: 43

la veille de se réaliser si j'en crois un article de Jean
Jaurès intitulé : « Le Vrai Marxisme » que la *Petite
République* a publié dans son numéro du 17 Novem-
bre 1900.